1901

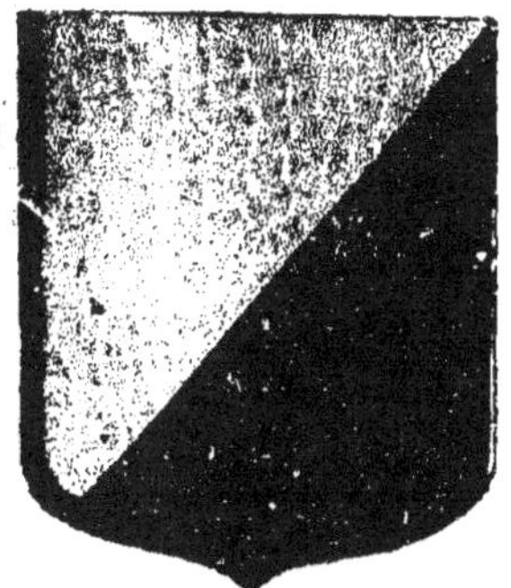

Artistes Indépendants

PEINTRES, SCULPTEURS

GRAVEURS, DESSINATEURS ET ARCHITECTES

Fondée le 11 Juin 1884

(Statuts déposés chez M⁵ COURSAULT, Notaire à Montmorency)

CATALOGUE

ŒUVRES EXPOSÉES

Prix : 50 Centimes

II. — LES INDÉPENDANTS

Commençons par nous excuser auprès des artistes, et aussi du public, de n'avoir pas parlé plus tôt de l'exposition des Indépendants, installée dans les serres de la Ville de Paris, au Cours-la-Reine.

La terrible besogne des deux Salons est la cause non de notre indifférence, mais de notre retard. Car il y a là des essais du plus réel intérêt, des œuvres vraiment méritoires, et de vrais efforts d'art.

L'entreprise elle-même est digne des encouragements, puisqu'elle a pour but de faire connaître les vrais jeunes et de mettre tout le monde à même de se faire connaître.

Je ne puis, maintenant, étant donné que l'exposition est un peu avancée, que vous citer les noms des principaux exposants. D'abord, l'œuvre du comte Le Marcis, sur *la Divine Comédie*—qui peut et doit être discutée au point de vue de la peinture, mais qui témoigne d'une imagination surprenante, et qui en ferait dire long si elle était retrouvée sur les murs d'un campo-santo quelconque du quinzième siècle! Puis, les œuvres de MM. Cézanne, Maurice Denis, Bonnard, Vuillard, Séruzier, Signac, Van Rysselberghe, Luce, Adolphe Albert, Milcendeau, Yturrino, Albert André, Divicks, Zarckoff, Francis Jourdain, Ensor, Ranson, Roussel, Ibels, Eychenne, Lacoste, Vallotton, Agard, Monier, Paviot, Lébasque, Guillemonat, Lemmen, Regoyos, Cross, Schuffenecker, Angrand, Petitjean, Jaudin, Mérodack-Jeanneau, Korochansti, du Frenoy, Laprade, Chanaleilles, Ch. Guérin, William Lee, Georges Lacombe; Mmes Geneviève Marguerite, Lucie Couturier, Paule Gobillard ; et à la sculpture: MM. de Charmoy, Eug. Girard, Conrar Koper, Cernigliari Melilli.

Rien que ces noms suffisent pour dire l'importance de cette exposition que les artistes ont ouverte avec quelques sous en caisse. Il y a bien des choses naïves et médiocres dans le reste. Mais tout effort d'art sincère est respectable, et l'avenir est à beaucoup de noms qui sont ici mentionnés. Qui oserait se porter garant du contraire?

Arsène Alexandre.

1901

17me EXPOSITION

GRANDES SERRES DE L'EXPOSITION UNIVERSELLE

(Cours-la-Reine)

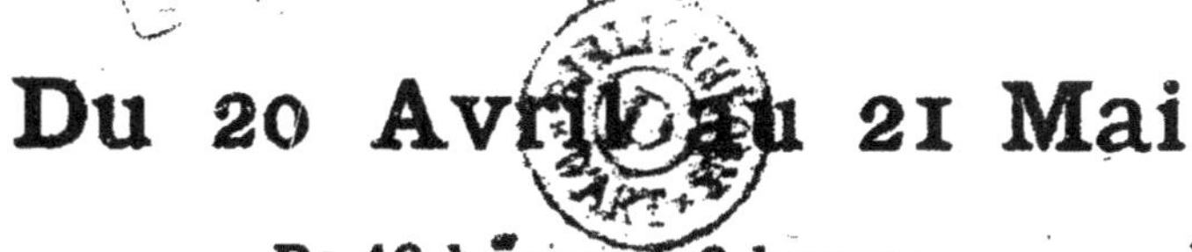

Du 20 Avril au 21 Mai

De 10 heures à 6 heures

La Société des « Artistes Indépendants », basée sur la suppression des Jurys d'admission, a pour but de permettre aux Artistes de présenter librement leurs œuvres au jugement du Public.

Dubois-Pillet

Membre fondateur, décédé le 17 Août 1890

COMITÉ

Président : E. Valton, 131, avenue Parmentier.

Vice-Président : Davrigny	*Vice-Présid.:* Gauteri (de)
76, rue de Passy.	71, rue Demours.

Secrétaire : Séguin

10, rue des Buissons, La Garenne-Colombes.

Secrétaire-Adjoint : Hélis, 30, rue Vernier.

Trésorier : Ottoz, 7 *bis*, rue Duperré.

Membres :

MM. Bataglia, 30, rue du Cherche-Midi.

Baudin, 21, rue Berthe.

Cézanne, 31, rue Ballu, Paris.

Charmoille, 35 et 37, rue de Seine.

Girard, 112, rue Blomet, Paris-Vaugirard.

Jaudin, 35, rue des Arts, Levallois-Perret.

Luce, 102, rue Boileau.

Périnet, 18, rue de la Roquette.

Mlle Philibert, 27, faubourg Saint-Denis.

Mme Poilay (dit Jean de Chaville), 16, rue Monge.

MM. Poulain, 25, rue Gay-Lussac.

Schuffenecker, 4, rue Pétrelle.

Signac, 16, rue Lafontaine.

Conseil judiciaire :

Me Bienaimé, 94, avenue Henri-Martin.

COMMISSION DE PLACEMENT

Président : M. Signac, 16, rue Lafontaine (Auteuil).

Secrétaire : M. Maurice Denis
59, rue de Mareil (Saint-Germain-en-Laye).

Membres :

MM. Agard, 6, rue Aumont-Thiéville.
Baudin, 21, rue Berthe.
Coupry, à Livry (Seine-et-Oise).
Jaudin, 35, rue des Arts, à Levallois-Perret.
Luce, 102, rue Boileau (Auteuil).
Mérodack, 156, boulevard du Montparnasse.
Ottoz, 7 *bis*, rue Duperré.
Petit-Jean, 12, rue Montsouris.
Poulain, 25, rue Gay-Lussac.
Rançon, 175, boulevard Pereire.
de la Rochefoucauld, 19, rue d'Offémont.
Sérusier, 25, villa Chaptal (Levallois-Perret).
Van Rysselberghe, 32, rue de l'Industrie,
(Bruxelles).

DÉSIGNATION [1]

AGARD (Charles). — 6, rue Aumont-Thiéville, Paris.

    1 La Vallée de la Seine à Bennecourt.
    *2 Pâturage.
    *3 Au bord de l'eau.
    *4 Fillettes à la chèvre.
    *5 Le petit bras de la Seine à Gloton.
    *6 Tulipes et myosotis au Parc Monceau.
    *7 Quelques fleurs.
    *8 Une île de la Seine.
    *9 Fruits.
    *10 Le couchant à Bennecourt.

ALBERT (Adolphe). — 42, rue Fontaine, Paris.

    *11 Femme à sa toilette.
    *12 Le Petit Andely.
    *13 Etude.
    *14 Petit bras de Seine.
    *15 L'Epte.
    *16 La Seine au Petit Andely.
    *17 Carnaval (pastel).
    *18 En avant, deux ! (pastel).

(1) L'astérisque placé à côté des numéros indique les œuvres à vendre.

On peut se procurer, au Secrétariat de l'Exposition tous les renseignements nécessaires à l'achat des ouvrages, prix des œuvres et adresses des auteurs.

AMORETTI (Gabriel). — 59, avenue de Saxe, Paris.

*19   Vallée de l'Eure.
*20   Les chaumes.
*21   Prairie.
*22   L'Eure (temps gris).
*23   L'Eure.
*24   Carrière abandonnée.
*25   Paysage (aquarelle).

ANDRÉ (Albert). — 4, rue Duperré, Paris.

26   Portrait.
27   Au Jardin.
28   Le Ranelagh.
29   Au Théâtre.
30   Intérieur.

ANGÉNIOL (Henri). — 27, boulevard Montparnasse, Paris.

*31   Après-midi de novembre (bords du Rhône)
*32   Bords du Rhône (dessin).
*33   Le soir (bords du Rhône) (dessin).

ANGRAND (Charles). — Saint-Laurent-en-Caux (Seine-Inférieure).

34   Maternité.
35   Etreinte maternelle
36   La tasse de lait.
37   Le baiser.

38 Enfant à table.
39 Enfant endormi.
40 Enfant bercé.
41 Enfant aux cerises.
42 Calme plat.
43 Tempête au port.

AURAN (Bénoni). — 32, rue de la Santé, **Paris.**

44 Portrait de Me M. R.
*45 Port de Cassis.
*46 La pointe rouge méditerranéenne.
*47 Port de Boulogne-sur-Mer.
48 Marseille (entrée du vieux port).
49 Tête d'enfant au soleil.
*50 Le fort Saint-Jean (Marseille).
*51 Soleil couchant (Provence).
*52 Route en Provence.
*53 Entrée d'un village (Provence).

BARON (Hélène-Marie). — Cleeve. Bradburne **Road.**
Bournemouth.

*54 Temple de Philœ. Nil.

BATTAGLIA (Matteo). — 30, rue du Cherche-Midi,
Paris.

*55 Roses du Bengale.
*56 Chrysanthèmes.
*57 Les meules.
*58 L'orage.

*59   Les iris.
*60   Etude de chrysanthèmes.
*61   La Sarthe à Spay.
*62   Œillet de Chine.
*63   Rives de la Seine.
*64   Le matin.

BAUDIN (Félix). — 21, rue Berthe, Paris.

*65   Vénus et l'Amour.
*66   Fatma.
*67   Etude.
*68   Omelette au rhum.

BÉNÉROIS (Maria G. de). — 98, avenue de Neuilly, Neuilly-sur-Seine.

*69   Sur la butte Mortemart.
*70   Devant le château de Madrid.
*71   Relai de chiens.
*72   Piqueur au galop.
*73   Epagneul.
*74   Chrysanthèmes.
*75   Chrysanthèmes.
*76   Friquet dans les fleurs.
*77   Bégonias (aquarelle).

BERNARD-LEMAIRE (Louis). — 14, rue du Mont-Cenis, Paris.

78   Bretonne.
79   Poisson. Appartient à M. Vollard.

80 Vue de Montmartre. (Effet de neige).
81 Portrait de Mme A. F. (Appartient à M. A. F.)
82 Petite fille à l'Image. (App. à M. Vollard.)

BIETTE (Jean-François). — 94, rue de Sèvres, Paris.

83 Notes prises dans le Midi (4 aquarelles).
84 Notes prises dans le Midi (6 aquarelles).
85 Notes prises à Paris (4 aquarelles).
86 Croquis (aquarelles) faits au Havre (panneau de 4 croquis).
87 Honfleur (aquarelle).
88 Etude sur la plage (aquarelle).
89 Etude de ciel (aquarelle).
90 Quatre études de paysage (plaine de Garonne), dessins rehaussés d'aquarelle).
91 Etude de vagues (dessin).
92 Croquis de pêcheurs.

BLOCKER (Elisabeth). — 3, rue Vercingétorix, Paris.

***93** Hiver dans la forêt.
***94** Jeune Bretonne.
***95** Dans les dunes (Chaples).
***96** Route dans les montagnes (Kissingen).
***97** En hiver.
***98** Mimoses.
***99** Pavots.

BOCH (Mlle Anna). — 73, avenue de la Toison-d'Or, Bruxelles.

***100** Pendant l'élévation.
***101** Préparatifs de pêche.

*102 Village hollandais.
*103 La Closière en automne.

BOIGEGRAIN (Adolphe). — 5, rue Emile-Allez, Paris.

*104 Le soir à l'atelier.
*105 Le soir à l'atelier.
*106 Le soir à l'atelier.
*107 Le soir à l'atelier.
*108 Le soir à l'atelier.

BOISGONTIER. — 3, rue Clotaire.

¡109 Bourrasque en Forêt (Fontainebleau).

BOISSIER. — 56, rue Boissière.

*110 La Marne à Sainte-Aulde.

BOITARD (Justin). — 12, rue Faidherbe.

*111 1. La Meule. 2. Dans les champs. 3. Ramasseurs de pommes de terre. 4. La prairie. Vallée de l'Hyère (aquarelle).
*112 Vues du bois de Boulogne (aquarelle).
*113 Vues du bois de Vincennes (aquarelle).
*114 Vue des environs de Villeneuve-Saint-Georges (Seine-et-Oise) (aquarelle).
*115 1. 2. 3. Vues du lac des Minimes. 4. Bois de Vincennes (aquarelle).

116 1. Place Mazas. 2. Environs de Langres (Haute-Marne). 3. Marc Saint-James. 4. Soleil couchant (aquarelle).

117 1. Sous bois. 2. Lac Daumesnil (aquarelle).

118 Lilas, panneau de paravent (aquarelle sans gouache).

BONNARD (Pierre). — 65, rue de Douai.

119 Portrait.

120 Portrait.

121 Effet de Nuit.

122 Paysage d'octobre. Appartient à M. H.

123 Tryptique. Appartient à M. H.

124 Café.

125 Petit buveur.

126 Enfant dans un parc. Appartient à M. V.

127 Matin.

BRIAUDEAU (Paul-Charles). — 6, rue Vercingétorix, Paris.

128 Soir d'orage.

129 Coucher de soleil.

130 Rivière ensoleillée.

131 Rivière de Quimper (Bénodet).

132 Allée de parc.

133 Château Thibaud (Loire-Inférieure).

134 Rivière sombre.

135 Côteaux de Château-Thibaud.

136 Petite rivière.

137 Rivière au peuplier.

BROQUET (Espérance). — 15, rue du Marché, à Puteaux (Seine).

138 Chrysanthèmes. Vendu à M. Hubert.
139 Nature morte.
140 Nature morte.
141 Nature morte.
142 Nature morte.

CARANOVE (P.-B.). — 5, cité Véron, Paris.

143 Portrait jeune garçon.
144 Portrait enfant.
145 Portrait. Appartient à M. de M.
*146 Nature morte (fruits).
*147 Nature morte (fleurs lilas).
*148 Impuissante à soulager son enfant, quand pour cela elle donnerait tout son sang, la mère souffre, espère, pleure...
*149 La Vérité ; elle dort sans crainte, étant impérissable.

CASSE (René). — 3, villa Brune (72, rue des Plantes), Paris.

150 Portrait de Mme R. C.
151 Portrait de Mlle Germaine M.
152 Un fumeur.
153 Surprise.

CÉZANNE (Paul). — 31, rue Ballu, Paris.

154 Nature morte.
155 Paysage.

CHANALEILLES (Gustave). — 233, faubourg Saint-Honoré, Paris.

*156   Fort Carré d'Antibes.
*157   Mer agitée d'Antibes.
*158   Le sommeil.
*159   Cueilette de la fleur d'oranger.
*160   Dos de femme.
*161   Paysanne niçoise (au soleil).
*162   Bords de la Marne.
*163   Vue d'Antibes en août (étude).
*164   Femme rousse (pastel) (étude).
165   Portrait d'homme (fusain).

CHARMOILLE (André). — 35-37, rue de Seine.

166   Coucher de soleil sur le vert-galant.
167   Lever de lune sur la Cité.
168   Soleil du matin, pont des Arts.
169   Soleil du soir, pont des Arts.
170   Etude.
171   Coucher de soleil, plateau de Nelleville (Seine-et-Oise).
172   La rue Visconti, soleil d'hiver.
173   Quatre études de Paris : Berge du quai Voltaire, Berge du quai des Grands-Augustins, la Seine aval vue du Pont-Neuf, la Seine amont vue du pont Solférino.

CHARMOY (José de). — 114, rue de Vaugirard.

*174   « Demos », Peuple pleurant sur l'Humanité (esquisses).

***175**   « Demos ». Peuple pleurant sur l'Humanité
                    (torse).
176   Id.   Je suis du peuple (marbre).
***177**   Id.   Un Hurleur (céramique).
178   Id.   (masque).
179   L'Aurore. Appartient à M. Vaughan.

CHARON (Pierre). — 203, boulevard Raspail et 5, rue
de Strasbourg, Laval.

***180**   Une représentation en plein air.
***181**   Une répétition.
***182**   Bord du Vicoin (paysage).
***183**   Moulin de Coupeau (paysage).

CIMINO (Emilia). — 22, rue Monsieur-le-Prince.

***184**   Le bossu de Concarneau.
***185**   La dame au fichu.
***186**   Petite fille au chien.
***187**   L'enfant à la poupée.
***188**   Vue d'Avila.

CLÉMENT (Henry). — 18, rue Juliette-Lamber.

***189**   Soir d'été.

CLESS (Eugène). — 8, rue La Boissière, Fontenay-
aux-Roses (Seine).

190   Moïottes, Fontenay.
191   Printemps, Fontenay.

192 Meules à Bagneux.
193 Clocher de Bagneux.
194 Matinée d'automne.
195 Luzernes en fleurs.
196 Trois cerisiers.
197 Vase (plâtre).
198 Théière (plâtre).

COBIANCHI (Iginio). — 74, rue Demours.

*199 Le Budoir.
*200 Effet de soleil.
*201 La petite rivière.

CORDIER (Albert-Louis). — La Ferté-sous-Jouarre
(Seine-et-Marne).

*202 Le vieux cimetière de Vaux-le-Pénil, près
    Melun.
*203 Chemin de Brasles, près Château-Thierry.
*204 Le moulin de Condetz, près La Ferté-sous-
    Jouarre.
*205 La porte Saint Pierre à Château-Thierry.
*206 Mimosa.
*207 Saint-Pierre et maquereaux.

COUDERT (Armand). — 10, rue Dorian, Paris.

208 Portrait.

COUSTURIER (Lucie). — 20, rue Théophile-Gautier,
Paris.

209 Portrait de Mlle Madeleine L.
210 Jardin, rue Lafontaine.

211 Dessert.
212 Nature morte.
213 Chrysanthèmes.
214 Intérieur.
215 Paysage à Saint-Tropez. Appartient à M. Félix Fénéon.
216 Les Pins du Charmois.

CROSS (Henri-Edmond). — 123, rue de La Tour, Paris.

217 L'accacia.
218 Famille de cygnes.
219 Vue de Menton.
220 Port de Marseille.
221 Lac du Bois de Boulogne.
222 Petit Andelys
223 Peintre et modèle (dessin).
224 Femme à sa toilette (dessin).
225 Femme à sa toilette (dessin).
226 Femme à sa toilette (dessin).

DEBORNE (Robert). — 23, rue Denfert-Rochereau, Paris.

***227** Port de Sauzon (le matin). Belle-Isle-en-Mer.
***228** Entrée du port de Sauzon.   Id.
***229** Port de Sauzon (le soir).   Id.
***230** Nature morte.

DEBRAUX (René-Charles-Louis). — 28, rue d'Orléans, à Neuilly-sur-Seine.

231 La côte à Hennequeville.
232 La Dives à Cabourg (crépuscule).

233 Le chemin de la Corniche à Trouville.
234 Un chemin à Hennequeville.
235 Un sentier au Grand-Bec, près Villerville.
236 La plage des Godelias à Etables (Côte-du-Nord).
237 La route d'Hennequeville (effet de nuit).

DECOPREZ (Fernand). — Brolles, par Bois-le-Roi (Seine-et-Marne).

238 Soir de novembre.
239 Brouillards d'automne.

DELANOIX (Paul). — 23, place Dauphine.

*****240** Une fille du peuple.
*****241** Rencontrée à l'Exposition.
*****242** A l'atelier.
*****243** Danseuse au repos.

DENIS (Maurice). — 59, rue de Mareil, Saint-Germain-en-Laye (Seine-et-Oise).

244 Moïse.
245 Esquisse d'un paysage de printemps.
246 Le réveil.
247 Vierge aux enfants.
248 Groupe de jeunes femmes. Appartient à M. H. L.
249 Portrait de Mlle X.
250 Portrait de Mme X.
251 Étude pour un portrait. Appartient à Mme M.

DESHAYES (Madeleine). — 208, Rue St-Denis, Paris.

***252** Vigne vierge.
***253** Bouquet d'œillets.
***254** Fleurs de septembre.
***255** Salot de Noël.

DESTABLE (Jean-Baptiste Frédéric). — 2, rue Ambroise-Paré, Paris.

256 Nature morte.
257 Nature morte.

DEVIENNE (Georges). — 13, rue Ganneron, Paris.

***258** Le navire *" Le Suchet "* (croiseur de 2e rang).

DIRIKS (Edvard). — 83, boulevard Montparnasse, Paris.

***259** Le Pin (Norvège).
***260** Le bateau à vapeur (Norvège).
***261** Fin de mars (Norvège).
***262** Au bord du Fjord (Christiania).

DUFRÉNOY (Léon-Georges). — 21, quai Bourbon.

***263** Le nain de la foire.
***264** Vieille devant garde-fou.
***265** Vieille regardant le ciel.

*266 Vieille à la croisée.
*267 Vieille en songerie.
*268 Suite de dessins faits au village.
*269 Dessin d'une vieille de Paris.
*270 Dessin d'une vieille de Paris (suite).
*271 Dessin d'une vieille de Paris (suite).
*272 Paysage près la Belle-Epine (S.-&-O.).

DUITZ (Napoléon S.) — 27, rue des Martyrs.

*273 Le Thillot (Vosges).
*274 Il neige.
*275 Chemin dans les Vosges.
*276 Méditerranée.
277 Etude d'enfant.
278 Soleil sur la neige (aquarelle).
279 Etude (Vosges) (aquarelle).

DURAND (Joanne). — 58, rue de la République, à Lyon.

*280 Effet de neige.
*281 Coin de rivière.
*282 Coin de rivière.
*283 Maisons dans les Alpes.
*284 Rue à Briançou.
*285 Femme à l'ombrelle.
*286 Bords de l'Ain.
*287 Bords du Rhône.
*288 Etude de fruits.
*289 Bords du Rhône.

ENSOR (Jame). — 21, rampe de Flandre, à Ostende (Belgique).

*290   La mangeuse d'huîtres.
*291   L'après-dîner à Ostende.
*292   Les masques scandalisés.
*293   Coquillages.
*294   Fleurs.
*295   Village de Mariakerke.
*296   Paysage (eau-forte).
*297   Paysage (eau forte).
*298   Paysage (eau forte).
*299   Hop-Frog (eau-forte rehaussée d'aquarelle).

ESPAGNAT (Georges d'E). — Vernouillet (Seine-et-Oise).

300   Femmes près du lac.
301   Sur la plage.
302   Le Lavandou.
303   Rentrée des pêcheurs.
304   Rochers du Trayas.
305   Rochers.
306   Femme et enfant.

EYCHENNE (Gaston). — 3, rue de Fourqueux, à Saint-Germain-en-Laye (Seine-et-Oise).

*307   Portrait de la petite B...
*308   Jeune fille vêtue de noir, dessin.
*309   Jeune fille vêtue de noir   id.
*310   Œillets poètes.   id.

*311 Ancolus.   dessin
*312 Animaux.   id.
*313 Fleurs.   id.
*314 Poissons.   id.
*315 Carpes, gravure.
*316 Intérieur.   id.

FABER DU FAUR (Hans von). — 83, rue Notre-Dame-des-Champs, Paris.

*317 Une espagnole.
*318 Tête de vieillard.
*319 Académie d'homme.
*320 Académie de femme.
*321 Etude de cheval.
*322 Etude d'âne.
*323 Au bord de la mer.
*324 Paysage.
*325 La plage.

FÈVRE (Marguerite). — 5, avenue d'Orléans, Paris.

*326 Nature morte (vieux bibelots).
*327 La source du Madon (Vosges).
*328 Fleurs du Midi.
*329 Un faisan (nature morte),
*330 Nature morte.
*331 Chrysanthèmes.
*332 Retour du marché (nature morte).
*333 Roses.

FOUCAULT (Maurice). — 44, avenue de la République, Paris.

*334 La grand'rue de Gournay.

*335 Lavoir à Chelles.
*336 Nature morte.

FOURNIÈRE (Charles-Marie-Joseph de la). — 4, cité d'Autin, à Brest (Finistère).

337 Torpilleurs dans un grain.
338 Bateau de pêche.

FRANÇON (Ernest). — 32, rue Duret, Paris.
*339 Violettes de Parme.
*340 Les boutons d'or.
*341 Branchss cassées.
*342 Fleurs et cuivres.
*343 Sur la butte Pinson (Seine-et-Oise).

FULLER (David-Thomas-Scott). — 24, rue Pigalle, Paris.

344 Retour de patrouille.
345 Chiffonnette.

GAUDIBERT (Auguste). — Villa des Arts, rue Hégésippe-Moreau, Paris.

346 Portrait de M. Charles Bernard.
*347 Les Roches-d'Or (Saint-Raphaël).

GÉRARD (Gaston). — 6, rue du Val-de-Grâce, Paris.

*348 La vendange.
*349 La jeune fille aux Narcisses.

***350** Fond de lande en Bretagne.
***351** Un lavoir en Bretagne.
***352** Tête d'étude.
***353** Marée montante.
***354** Pêches et raisins.
***355** Raisins et Chrysanthèmes.
***356** Pêches et groseilles.
***357** Corbeille de lilas.

GAUTERI (Pierre). — 74, rue Demours.

358 Rue de la Casbah à Alger.

GAUTIER (Mme Gabrielle). — 9, rue Bonaparte.

***359** La plaine Saint-Antoine (Trianon).
***360** Portrait de Mlle A. M. (aquarelle).

Quatre études aquarelle :
***361** 1. La plage des Basques à Biarritz.
***362** 2. Falaise à Saint-Jean-de-Luz.
***363** 3. Paysage Trianon.
***364** 4. Village de Saint-Jean-de-Luz.

GENET (Louis-Emile). — 9, rue des Ecuyers, à Saint-
Germain-en-Laye (Seine-et-Oise).

***365** Au cap Martin (Alpes-Maritimes).
***366** Pins au bord de la mer.
***367** Route du cap Brun (environs de Toulon).
***368** Vieilles maisons en Seine-et-Oise.

GIBAUT (Maxime). — Bois-le-Roi (Seine-et-Marne).

369 Roses.
370 Roses.

GIERCKENS (Edme-Félix). — 22, avenue de l'Observatoire, Paris.

371 En forêt.
372 Mer bretonne.
373 Les rochers de Roscoff.
374 Marée basse.

GIRAN (Raoul). — 63, rue Antoine-Lécuyer, à Saint-Quentin (Aisne).

375 Table de cuisine.
376 Chrysanthèmes variés.
377 Branches coupées de lilas.
378 Hortensias.
379 Bouquet de roses.
380 Un coin de bureau.
381 Roses de Nice d'hiver.

GIRARDOT (Marie de). — 28, avenue de Neuilly, à Neuilly-sur-Seine (Seine).

***382** Près Grodno (Russie). Neige.
***383** Le soir, Pyrénées.
384 Chemin de Gabas (Basses-Pyrénées).
385 Environs d'Eaux-Chaudes.

***386** Soleil levant, îles d'Hyères.
***387** Soleil couchant, Salins d'Hyères.
***388** Soleil couchant sur l'Esterel.
***389** Carquerane (Var).
***390** Orage, cap d'Antibes.
391 Lever de soleil, Porquerol.

GOBILLARD (Mlle Paule). — 57, avenue Victor-Hugo, Paris.

392 Tulipes.
393 Paysages de mer. Croquis.
394 Jeune bretonne.
395 Portrait de Mlle J. M.
396 Figure d'enfant (pastel).
397 Jeune fille (tête au pastel).
398 Fleurs.
399 Fleurs.
400 Femme en noir.
401 Etude.

GUÉRIN (Charles). — 14, rue Boissonade, Paris.

402 Le jardin aux roses.
403 Nature morte.
404 Nature morte.
405 Le repos sur la terrasse.
406 Dames dans un parc.
407 Nature morte.
408 Nature morte.
409 Nature morte.
410 Nature morte.

GUIGNÉ (Alexis-Eugène). — 42, chemin du Viaduc,
au Perreux (Seine).

*411   La Marne (environs de Paris).
*412   La Marne à Nogent-sur-Marne.
*413   Clermont-Ferrand (étude).
*414   Les Monts Dôme (étude).
*415   La Dordogne à Baynac.
*416   Souvenir de Royat.
*417   Ruines de Temniac (Dordogne).
*418   Bords de Marne à Neuilly-Plaisance.
*419   Bords de Marne à Bry.
*420   Cour de ferme à Eu.

GUILLEMONAT (Gabriel-Marie-Gilbert). — 18, avenue
de l'Opéra.

*421   Varengeville (sur la Falaise).
*422   Varengeville (l'Eglise).
*423   Varengeville (la Plaine).
*424   Varengeville (Maison de douanier).
*425   Varengeville (Marée basse).
*426   Varengeville (l'Eglise).
*427   Varengeville (la Plaine).

HÉLIS (Henri). — 30, rue Vernier, Paris.

428   Brumes sur la Seine.
429   Le village d'Itteville (Seine-et-Oise).
430   Nuit d'hiver (la porte de Conrcelles).
431   La porte de Villiers.
432   Bords de la Juine à Itteville.

433 Sur les fortifications.

434 La neige dans les bois de Garches (pastel).

HEPP (Pierre). — 17, rue des Réservoirs, Versailles.

435 Tentation de Saint-Antoine. Appartient à M. Ancey.

436 Le cheval de Rosmersholm. Appartient à M. Ancey.

437 Notre-Dame-de-Paris. Appartient à M Ancey.

438 Lisière de forêt. Appartient à Me Maurice Hepp.

HERVE (Gabriel). — 15, rue Hégésippe Moreau.

439 Portrait de Mme X.

HERVÉ (Julien-Auguste). — 9, rue Blainville, Paris.

***440** Expressionnisme, Libertaire.
***441** Expressionnisme, Pompette.
***442** Expressionnisme, Décoré.
***443** Expressionnisme, Rôdeur.
***444** Expressionnisme, Hargneux.
***445** Expressionnisme, Effrontée.
***446** Expressionnisme, Matin.
***447** Expressionnisme, Soleil couchant.
***448** Expressionnisme, Clair de lune.

HUBERT-SAUZEAU (Jules-Gabriel). — 8, rue Méchain, Paris.

***449** Les cerises.
***450** Les raisins.

HUGONNOT (Léon). — 69, rue Saint-Fargeau, Paris.

*451   Vue de Belvoir (Doubs).
*452   Intérieur de cuisine en Franche-Comté.
*453   Couturières à Ménilmontant.
*454   Oranges (pastel).
*455   Le bout de la jetée à Dieppe (pastel).

IBELS (Mme Elisabeth). — 6, rue du 14-Juillet, Lagny (Seine-et-Marne).

*456   Soleil couchant.
*457   Temps triste.

IBELS (Henri-Gabriel). — 18, rue de Chabrol.

458   Marine : temps gris. Appartient à M. Gallimard.

459   Portrait de M. Lucien Descaves. Appartient à M. Lucien Descaves.

*460   Pastorale : Les amants surpris.

*461   Pastorale : types de paysans.

462   Le panier de choux. Appartient à M. Tremblay.

463   Paysage au soleil couchant. Appartient à M. le docteur Fuchs

*464   Les pêcheurs à la ligne.

465   Une répétition au Théâtre Antoine. Appartient à M. Rosenberg.

466   Silhouette d'Antoine dans Joseph d'Arimathée. Appartient à M. G. Trarieux

JAUDIN (Henri). — 35, rue des Arts, à Levallois-Perret.

*467 Vue prise à Bellevue.
*468 Morigny, près Etampes (fusain).
*469 Brest, près la gare (fusain).
*470 Malain (Côte-d'Or).
*471 Clerval (Doubs).
*472 La plaine à Clairval (Doubs).
*473 La Loue à Moutier (Doubs).
*474 Port Launay (Finistère).
*475 Lehon, près Dinan.
*476 Près Besançon.

JOURDAIN (Francis). — 20, rue de Navarin.

*477 Coin de rue (pastel).
478 Falaises (pastel). Appartenant à M. Paul Gallimard.
*479 Paysage (pastel).
480 Soir (pastel). Appartient à M. Ch. Hessèle.
*481 Soir (pastel).
*482 Soir (pastel).
*483 Ciel.
*484 Nuit (Paris).
485 Panneaux faisant partie d'une décoration de salle à manger. Appartiennent à Mlle Diéterle.

KASELACK (Clara). — 3, rue Vercingétorix, Paris.

*486 Bateaux rentrant au port (Ostende).
*487 Vue sur l'île des Baigneurs (matin) (Helgoland).

*488 Coucher de soleil (Sheveningue).
*489 Clair de lune (environs de Paris).
*490 Route de Boulogne (Chaples).
*491 Au parc de Vincennes.
*492 Arbres en fleurs (Clamart).
*493 Vue sur l'île des Baigneurs (Helgoland).
*494 Marines (Sheveningue).
*495 Esquisses.

KISSLING (Eugène). — 12, rue de Strasbourg, Paris.

*496 Matin d'ouverture de pêche.
*497 Matinée de juin sur la Seine.

KOPER (Conrar). — 80, avenue du Maine, Paris.

*498 Tête de Janus (le Temps) (chapiteau).
*499 Portrait d'artiste.
*500 Ensemble de bronzes.
*501 L'aube.

KOROCHANSKY (Michel). — Montigny-sur-Loing (Seine-et-Marne).

*502 Méditation.
503 La Promenade. Appartient à M. O. Lew.
504 L'automne. Appartient à M. O. Lew.
505 Vue de Montigny-sur-Loing. Appartient à M. O. Lew.
506 Dans les bruyères (crépuscule). Appartient à M. O. Lew.
507 Prairie. Montigny-sur-Loing. Appartient à M. O. Lew.

*508 Le soir, vue d'Episie (Seine-et-Marne).
*509 Lever de lune, bord du Loing.
510 Dans les " Iris. " Appartient à M. O. Lew.
*511 Moulin abandonné.

KROUGLICOFF (Elisabeth). — 17, rne Boissonade, Paris.

512 Petite bretonne (aquarelle). Appartient à M. Queyrat.
513 Garçon breton.
514 Portrait de Mlle P.
515 Portrait de Mme D.
516 . L'hiver en Russie.
517 Eté en Russie (aquarelle).
518 Deux paysages russes (aquarelle).
519 Trois croquis (aquarelle).
520 Aquarelles.
521 Croquis.

LACOMBE (Georges). — L'Hermitage, par Alençon (Orne).

522 Paysage décoratif. Appartient à Mme la marquise d'Anglesey.
523 Portrait de M. X.
524 Portrait de Georges Ancey.
525 Portrait de Ranson.
526 Portrait de Jean Ancey.
527 Paysage.

LACOSTE (Charles). — 25, rue Rousselet, Paris.

*528 Automne.
*529 Londres. (La brume amère).

530 L'approche du solstice d'hiver. Appartient
à M. E. L.

***531** Les constellations de la terre.

***532** Paris. Matinée de la fin d'été.

***533** Clarté de sel.

***534** La lumière au zénith.

***535** Une ville (en voyage).

***536** Jour d'attente.

***537** Pyrénées. La plaine d'Abos avant le
printemps.

LAPRADE (Pierre). — 23, boulevard Montparnasse,
Paris.

538 Etude de femme (rouge et noir).

539 Etude de femme (rose).

540 Etude de femme (blanc).

541 Jardin d'automne.

542 Nature morte.

543 Jardin d'été.

544 Nature morte.

545 Trumeau.

546 Etude grise.

547 Etude.

LAVAUX (Georges). — 36, rue Poccard, Levallois-
Perret (Seine)

***548** Le Soir.

***549** Le Matin.

LEBASQUE (Henri). — Montévrain, par Lagny (Seine-
et-Marne).

550 Une fillette.

551 Deux femmes au soleil.

552 Neige.
553 Paysans au travail.
554 Paysage.
555 Eau bleue.
556 Paysage.
557 Montévrain.

LEE (William). — 112, boulevard Malesherbes, Paris

558 L'Escarpolette.
559 Portrait.

LE MARCIS (Comte Eugène-Ernest-Edmond). — 10, rue Danton, Paris (6e arrond.)

SALLE I

560 Dante, au cours d'un songe mystique, s'éveille dans l'intérieur d'une sauvage forêt, symbole des troubles de la vie et de l'anarchie générale de son temps.

561 Dante sort de la forêt suivi d'une panthère, signe de la luxure, d'un lion, de l'orgueil, d'une louve, de l'avarice, et aperçoit au pied d'une colline éclairée par le soleil levant, la porte de l'enier où se tient Virgile venu au devant de lui.

562 Dante et Virgile rencontrent Homère couronné par l'Iliade et l'Odyssée.

563 Dante et Virgile rencontrent les morts coupables assemblés au bord de l'Achéron ; Cerbère surveille leur passage ; Caron paraît au loin sur le lac.

564 Caron fait embarquer précipitamment les âmes et veut repousser Dante et Virgile.

565 Amenés au jugement, les damnés comparaissent devant Minos, ancien roi de Crète.

SALLE II

566 Les Charnels, emportés par un vent furieux, parcourent les vallées infernales; parmi eux, Françoise de Rimini et Paolo Malatesta.

567 Les Avares se disputent des sacs d'or.

568 Phlégias, jadis roi des Lapithes, montant une barque, conduit Dante et Virgile vers la ville de Dite.

569 Dante et Virgile arrivent aux portes de la ville de Dite remplie de flammes.

570 Les Orgueilleux, enfermés dans la ville de Dite, s'irritent de l'entrée de Dante et Virgile.

571 Debout, dans sa fosse ardente, Farinata Degli Uberti, Guelfe, c'est-à-dire partisan de l'indépendance italienne, s'entretient des discordes de Florence avec Dante, partisan de l'alliance impériale.

572 Les Violents, suicidés ou dissipateurs sont métamorphosés et emprisonnés dans des arbres entre lesquels séjournent les Harpies. Rencontre de Pierre des Vignes accusé de trahison envers l'empereur Frédéric II.

SALLE VI

573 Les Charlatans : Jirésias, devin thébaïn, est moitié homme moitié femme, et d'autres ont le corps tordu.

574 Les Concussionnaires sont précipités dans la poix bouillante. Giampole en est arraché et déchiré par des démons.

575 Le cortège des Hypocrites se traîne sous des chapes de plomb dorées au dehors.

576 Les voleurs sont mordus par des serpents. Leur corps se métamorphose de l'homme à la bête. Buots.

SALLE III

577 Les fauteurs de discorde : des diables les frappent à coups d'épée. Un prophète est fendu jusqu'à la ceinture pour cause de guerre religieuse.

578 Bertram de Born, puni pour avoir excité à la guerre familiale, tient sa tête dans sa main.

579 Mosca, partisan florentin, est mutilé pour cause de guerre civile.

SALLE V

580 Le Phlégeton, rivière de sang, tombe de la terre dans l'Enfer, roulant les images des meurtriers célèbres.

581 Le Phlégeton forme des lacs de sang où
s'enfoncent les damnés, ceux qui en
sortent sont percés de flèches par les
Centaures.

582 Les Géants personnifiant la force brutale
sont emmurés à mi-corps dans des puits
rocheux.

583 Le géant Ephialte, enchaîné, fait crouler
la montagne en se retournant

SALLE IV

584 Les traitres sont ensevelis dans les glaciers du Cocyte.

585 Ugolin ronge le crâne de Ruggieri, son
ancien complice.

586 Glaces flottantes.

587 Portiques glacés.

(ESQUISSES) — SALLE III

588 Dante et Virgile pénètrent dans le vesti-
bule infernal et y abordent le groupe
des poètes antiques.

589 Les Coléreux se battent parmi les eaux
fangeuses du Styx et dans des ruisseaux
d'eau bouillante.

590 Les Concussionnaires sont précipités dans
la poix bouillante.

591 Un démon conduisant des diables essaye
de repousser Virgile et Dante qui veu-
lent pénétrer dans un nouveau cycle
infernal.

592 Les Faussaires : Maitre Adam l'hydropi_
que, et Simon le rusé troyen, échangent
des injures et des coups.

593 Antée, géant libre, reçoit dans ses bras
Virgile et Dante et les dépose sur les
glaciers du Cocyte.

594 Dante et Virgile remontent pour sortir
de l'Enfer.

595 Dante et Virg.le se retrouvent sur terre
au clair de lune et voient au loin la montagne du Purgatoire.

LEMMEN (Georges). — 222, rue Verte, à Bruxelles N.
(Belgique).

***596** Jeune fille.
597 Petit enfant dans son berceau. Appartient
à Mme L.
***598** Endormie.
***599** Femme garnissant des chapeaux.
***600** Lecture.
***601** Jeunes filles au bord de la mer.
***602** Petit enfant jouant avec ses pieds.
***603** Dans les dunes.
***604** Coquelicots.
***605** Coquelicots.

LE MONNIÉ (Berthe). — Place des Lices, à Rennes
(Ille-et-Vilaine).

606 Dans le parc.
607 Le moulin de Vern (Ille-et-Vilaine).

LEROUX (Louis . — 27, avenue Mac-Mahon, Paris.

608 Les bords de l'Orne à Thury-Harcourt (Calvados).
609 Route de Saint-Enogat, à Saint-Lunaire (Ille-et-Vilaine).
610 Ile Fleurie, inondation (Nanterre).
611 Bords de Seine (Nanterre).
612 Plage de Saint-Enogat (Ille-et-Vilaine).
613 Vallée du Port-Blanc (Ille-et-Vilaine).
614 Prairie à Saint-Vaast-de-la-Hougue (Manche).
615 Bords de Seine à Nanterre.

LESCAFFETTE (Charles). — 149, rue d'Alésia, Paris.

***616** Tomates farcies (nature morte).
***617** Automne. Le soir. Ramasseurs d'herbes.
***618** Etude de gmynaste.
***619** Roses.
***620** Nature morte (étain et cuivre).
***821** Nature morte (Giroflées).
***622** Nature morte. Quatre timbales d'argent.
***623** Nature morte. Timbale d'argent.
***624** Le soir en Franche-Comté.
***625** Marine. (Fouras).

LINDLEY (Franck). — Réhon (Meurthe-et-Moselle).

***626** Brume d'été à la Chiers, près Longwy.

LOMBARD (Gaëtan). — 32, rue Caumartin, Paris.

***627** Sur la falaise.
***628** Soleil d'hiver.

LUCE (Maximilien). — 102, rue Boileau, Auteuil.

629 Paysage à Herblay. Appartient à M. Auber.
***630** Quai des Grands-Augustins.
***631** Pont Sully (brouillard).
***632** Pont Sully (printemps).
***633** L'aciérerie.
***634** Sablière à Nanterre.
***635** Un terret la nuit.

MAIGNAN (Maurice). — 27, rue Orfila, Paris.

636 L'idéal s'essore de l'obscurantisme. Essai
de décoration du Panthéon, maquette
plàtre au 1/4 d'exécution.

MARGUERIT (Mlle Geneviève). — 15, rue Hégésippe-
Moreau, Paris.

***637** Etude de site, dessin.
***638** Etude sanguine profil, dessin.
***639** Etude, dessin.
***640** Etude, dessin.
***641** Etude sanguine profil, dessin.
***642** Etude sanguine face, dessin.
***643** Etude, dessin.
***644** Etude, dessin.

MARQUET (Albert). — 38, rue Monge.

***645** Allée du Luxembourg.
***646** Palais du Luxembourg.

*647   Au jardin du Luxembourg.
*648   Arbres au Luxembourg.
*649   Chemin à Arcueil.
*650   Coin de rue à Arcueil.
*651   Rue d'Arcueil,
*652   Couvent à Arcueil.
*653   Au Luxembourg (pastel).
*654   A Montsouris (pastel).

MARVAL (Mme Jacques). — 9, rue Campagne Première, Paris.

*655   Odalisque.
*656   Minerve,
*657   Sirène.
*658   Vieux muriers en Dauphiné.
*659   La rosée (Dauphiné).
*660   Jardin de Paris.
*661   Les regains (Dauphiné).
*662   Fleurs des Alpes.
*663   Le soir à Madagascar.
*664   Femme à la chouette.

MATISSE (Henri). — 19, quai Saint-Michel, Paris.

665   Croquis. académies.
666   Croquis de café concert.
667   Croquis divers.
668   Pot bleu, nature morte.
669   Fruits, nature morte.
670   Etude.
671   Etude.

672 Etude, dessin.
673 Cafetière, nature morte.
674 Paysage, pochade.

MERODACK-JEANEAU (Alexis). — 150, boulevard du
Mont-Parnasse.

***675** Sérénité tri-te.
***676** Amore languida
***677** Quiètude.
***678** Inquiétude.
***679** Tète de rêve.
***680** Obstétrit.
***681** La maladie, la femme en blanc.
***682** Le dédain, la femme en blanc.
***683** Les bijoux, la femme en blanc.
***684** La caresse, la femme en blanc.

MEUNIÉ (Paul-Henri). — 15, rue Alphonse-de-Neu-
ville, Paris.

***685** Le départ du modèle (aquarelle).
***686** Le pavillon de la musique (Trianon)
(aquarelle).
***687** Parc de Versailles (aquarelle).
***688** Le bassin de la Vendange, Versailles
(aquarelle).
***689** Le marchand de fétiches (aquarelle).
***690** Etude.
***691** Panneau décoratif (gouache).

MÉTHEY (André), sculpteur-céramiste. — 7, rue
Montbrun, Paris.

692 Une vitrine contenant vingt pièces grès.

693 Une vitrine contenant bague, boucles,
encrier argent.

694 Vase grès et bronze.

695 Vase étain.

696 Cadre contenant deux portraits grès.

697 Etude enfant (relief) grès.

698 Buste enfant grès.

699 Masque décoratif grès.

700 Etude buste femme grès.

701 Deux carreaux grès.

MILLOCHAU (Eugène). — 18, rue Bridaine, Paris.

***702** La fuite en Egypte.

***703** La prière du Pharisien.

***704** Au bord de l'Yères.

***705** Etude à Montfermeil.

MITA (Georges). — 38, rue Saint-Vincent, Paris.

***706** Nuit d'orage.

***707** Les Meules.

708 Crépuscule, environs de Trilport. Appartient à M. E. Coche.

MONIER (Camille). — 12, rue des Artistes, Paris,

***709** Petite ferme.

***710** Brétenoux-sur-Cère.

***711** Trouville (le port).

***712** Trouville (la piage vue d'en haut).

***713** Maisons à Girac.

***714** Marine à Trouville.
***715** Pigeonnier de Brétenoux
716 Girac.
***717** Beaulieu (Corrèze).

NICOLAS (Auguste-Jules). — Place de l'Isle-de-Ker-
léau, Brest (Finistère).

718 Portrait de Mme Perdriel-Vaissiére (crayon
sanguine).
719 Portrait du lieutenant Z. (crayon noir.)
720 Portrait du commandant P.
721 Portrait du commandant L.

NORMAND (Constant). — A Gisors (Eure).

***722** Environs de Gisors, bords de l'Epte.
***723** Environs de Gisors (étude).
***724** Paysage (Gisors).
***725** Bazincourt, le matin (ébauche à l'aqua-
relle.
***726** Le passage du monarque, Gisors (aqua-
relle).
***727** Bords de la Troësne, environ de Gisors
(dessin).
***728** Paysage à Martagny (Eure) (dessin).

OTT (Lucien). — Loguivy, par Ploubazlanec (Côtes-
du-Nord).

***729** Panneau décoratif (neige).
***730** Groupe (quatre aquarelles).

OTTOZ (Emile). — 7 *bis*, rue Duperré, Paris.

*731 Moulin sur le Grand-Morin.
*732 Etude à Salies-de-Béarn.
      Etude de Saules.
*733 La vielle route à Auvers.
*734 Nature morte.
*735 Moulin de Martigny.
*736 Les peupliers.
*737 Temps gris — Auvers.
*738 L'Oise à Auvers.
*739 Brumes de septembre.
*740 Etude à l'automne.
      Etude à l'automne.

OUVRÉ (Achille). — 33, rue Ducouédic.

741 Portrait de Mlle W. (gravure).
742 Intérieur à Pont-l'Abbé (gravure).
743 Chemin à Loctudy (gravure).
744 Portrait de H. de G. (gravure).
745 Portrait de H. de G. (gravure).
746 Chemin à Loctudy (gravure).
747 Jeune Breton (gravure).
748 Etude (gravure).
749 Lutteurs (gravure).
750 Souvenir (gravure).

PAVIOT (Louis). — 32, rue des Dames, Paris.

*751 Vieilles maisons, place Saint-Etienne-du-
      Mont.
*752 Les Polonias de la place d'Italie.

***753** Jardin sous la neige.
***754** Jardin d'Espagne.
***755** Maison d'Espagne.
***756** Raisins secs.

PELTIER (René). — 18, passage de l'Elysée-des-Beaux-Arts, Paris.

***757** Automne, fruits.
***758** Iris (étude).
***759** La Celle-Saint-Cloud. Paysage d'automne.

PENOT (Eugène). — 25, rue Cail, Paris.

***760** La plage de Cayeux.
***761** Après l'orage.
***762** Le matin dans les marais de New-Brigthon
***763** La ferme des Galets.
***764** Environs de Cayeux.
***765** Falaises du Tréport.
***766** Les meules.
***767** Pâturage à Hurth.
***768** Moulins à Cayeux.
***769** Barques de pêche à Onival.

PERMET (Louis). — Avenue Eugène-Delaplanche, à Combs-la-Ville-Quincy (Seine-et-Marne).

***770** Lever de lune (Ile de Bréhat, Côtes-du-Nord).

PETITJEAN (Hippolyte). — 12, rue du Parc-Montsouris.

771 Baigneuses.
***772** Baigneuse.

773 Liseuse au jardin.
774 Etude de jardin.
***775** Paysage.
***776** Parc Montsouris.
***777** Etude de femme.
***778** Intérieur de cour.
***779** Elne.
***780** Elne.

PHILIBERT (Mlle Marie). — 27, rue du Faubourg-Saint-Denis.

781 Portrait de Mme C. L.
782 Paysage (Allier).
783 Camélias et Iris de Chicago.
784 Fleurs et fruits.

PIROLA (René). — 168, boulevard Magenta.

***785** Vaux-Cernay.
***786** Etude Canal.
***787** Etude Canal.
***788** Etude Montmartre.
***789** Etude Montmartre.
***790** Etude Montmartre.

POETZSCH (Gust). — 69, rue de Douai.

791 Portrait de Mme C. (pastel).
792 Portrait de femme (pastel).
***793** Moulin brûlé, Chelles-sur-Marne (pastel).
***794** Moulin brûlé, effet après-midi (pastel).

*795 Moulin brûlé, effet du soir (pastel).
*796 Sacré-Cœur (pastel).
*797 Bateaux. Lac Léman (aquarelle)
*798 Bateaux de pêche. Lac de Neuchâtel (aqua-
    relle).
*799 Sur la ligne du Saintt-Gothard (aquarelle).
*800 Les Peupliers. Jura-Suisse (aquarelle).

POILAY (Jean de Chaville). — 16, rue Monge.

*801 Panneau.
*802 Vûe de Moret.
 803 Portrait.
*804 Paysage, matinée
 805 Salon.

POINAT (Jules). — Au Prieuré, Saint-Rambert-sur-
Loire (Loire).

*806 Etude de ciel (aquarelle).
*807 Etude de ciel (aquarelle).
*808 Etude de ciel (aquarelle).
*809 Etude de ciel (aquarelle).
*810 Etude de ciel (aquarelle).
*811 Etude de ciel (aquarelle).
*812 Etang en mai (aquarelle).
*813 Hauts plateaux du Velay, soir d'août.
    (aquarelle).
*814 Saint-Rambert, soir d'automne (aquarelle).
*815 Château Mathias, Haut-Velay (aquarelle).

POULAIN (Edmond). — 25, rue Gay-Lussac, Paris.

*816 Soir d'hiver (effet de neige).
*817 Effet de neige dans le bois.

*818   Hauteur de Marnes (effet de neige).
*819   Crépuscule.
*820   Après-midi d'été.
*821   Sous bois.
*822   La montée.

PRODHON (Emile). — 3, rue de Loos, Paris.

823   Marais de Chauvigny (Seine-et-Marne).
824   Coin de jardin.
*825   Sous les saules.
*826   Les foins (bords de la Marne).
*827   Paysage d'août.

PUY (Jean). — 11, rue Daguerre, Paris.

*828   Nature morte.
*829   Le bac.
*830   La barre du Pouldu.
*831   Banc de sable.
*832   Baigneuses.
*833   Etude.
*834   Deux notes de Belle-Isle.

RANSON (Paul-Elie). — 175, boulevard Pereire, Paris.

*835   Palais d'Argan (Roland furieux).
*836   Etoiles tombées (pastel).
*837   Scène de Sabat (pastel).
838   Légende de l'Ermite. Panneaux décoratifs
          pour le château de l'Ermitage. Appar-
          tiennent à M. Lacombe.

*839   Jardin.
*840   Temple de Vaudou.
*841   Au bain.

REGOYOS (Dario de). — Irun (Buenavista) Espagne

Impressions d'Espagne :

842   Le maïs — vent du Nord.
843   Le maïs — la rosée. Appartient à M. Durand-Ruel.
844   Hendaye.
845   Bords de la Bidassoa.
846   Pont à Tolosa. Appartient à M. A.
847   Le tunnel de Pancorbo (vieille Castille. Appartient à M. Durand-Ruel).
848   Les grèves (Estramadure).
849   Village en Estramadure. Appartient à M. Durand-Ruel.
850   Le vent du Sud.
851   Concert à Bruxelles.

RICHARD (Anna). — 36, avenue de Châtillon, Paris.

*852   Coq.
*853   Marine.
*854   Marine.
*855   Une jetée de roses.
*856   Une jetée de pivoine.
*857   Une plante d'œillets.
*858   Une plante d'iris.
*859   Une gerbe de roses.
*860   Un canard (nature morte).
*861   Un compotier d'oranges (nature morte).

ROBY (Gabriel). — 32, rue de l'Arbalète (5e arr.)

862   Portrait de mon père.

ROCHEFOUCAULD (Antoine de la). — 19, rue d'Offémont, Paris.

***863**   Feuillages d'automne.
***864**   En été, un coin de plaine au soleil couchant.
***865**   Les rochers rouges.
***866**   Fermes de la Grand'Cour (Ménilles).

ROUSSEAU (Henri). — 36, rue Gassendi, Paris.

***867**   Mauvaise surprise.
***868**   Au printemps.
869   Portrait de M. M.
***870**   Route allant au fort de Vincennes.
***871**   Lac Daumesnil (effet d'orage).
***872**   Lac Daumesnil (coucher de soleil).
***873**   Vue du bois de Vincennes, à droite de la route de Paris.

ROUSSEL-MASURE (Henri). — 6, rue Poussin.

874   Scène d'intérieur.
875   Rochers bretons.
876   Rue à Boulogne.
877   Bord de rivière.

ROUSSEL (Xavier). — A la Montagne, près l'Etang-la-Ville.

878 Femme nue.
879 Baigneuse.
880 Dans la campagne.

ROUX (Charles). — 171, avenue du Maine, Paris.

881 Deux femmes tenant un vase rascasse (modèle pour la céramique) appartenant à la Société Céramique de Charenton.

ROUX (Champion-Joseph-Victor). — 32, rue de l'Arbalète, Paris.

***882** Notre-Dame de Paris (aquarelle)..
***883** Quatre aquarelle dans un cadre.
***884** Le village de Brinioux.
***885** Le village de Kenty.
***886** Notre-Dame de Paris.
***887** Bretonne (gravure).
***888** Bretonne (gravure).
***889** Paysage (gravure).
***890** Paysage (gravure).

RYSSELBERGHE (Théo van). — 59, rue Scheffer, Paris.

***891** Baigneuses.

SAINT-MAUR-MORSE-AP-IWYS (Mlle Hilda). — Plaisir (Seine-et-Oise).

892 Les chiens de M. X. (portrait).

SAINT-MAUR-MORSE-AP-IWYS (Mlle Marie). — Plaisir (Seine-et-Oise).

*893 Sol œquinoctialis.
*894 Cheval et voiture (portrait).
895 Olympus (en Crète). La demeure des dieux. Matin.
896 Saint-Jean-de-Luz. Levée de la lune derrière des nuées.
897 Souvenir de Dieppe. L'arrivée du paquebot (aquarelle).

SCHOTTE (Sivi). — 9, rue Campagne-Première, Paris.

*898 Les rochers, Kullen (Suède).
*899 Après l'orage, Kullen (Suède).
*900 L'effet de soir d'automne (Suède).

SCHUFFENECKER (Emile). — 4, rue Paturle, Paris.

*901 Maisons au matin.
*902 Une rue.
903 Portrait.
*904 Une tour (pastel).
*905 Automne (pastel).
906 Portrait (pastel).

SÉGUIN (Arsène). — 10, rue des Buissons, La Garenne-Colombes.

*907 Coucher de soleil.
*908 La Rance (environs de Saint-Malo).
*909 Le fort nationale (Saint-Malo).

SERMET (Robert). — 22, rue Vernier, Paris.

910   Le port de Saint-Paul à midi.
911   Sous le pont des Arts.
912   Etude de reflets.

SÉRUSIER (Paul). — 25, villa Chaptal, à Levallois.

913   Pluie d'automne.
914   Blés noirs.
915   Bretonnes à l'église.
916   Eve.
917   Conciliabule.
918   Anne de Bretagne.
919   Blés noirs.

SIDOLI (Pacifico). — 44, rue Mazarine, Paris.

*920   Malicieuses.
921   Portrait de Mme X. (pastel).
*922   Paysanne (Nord Italie).
*923   Moutons (aquarelle).
*924   Ramoneurs italiens.

SIGNAC (Paul). — 16, rue Lafontaine, Paris.

925   Le démolisseur (panneau pour une Maison du Peuple).
926   Projet non retenu pour la décoration de la mairie d'Asnières.
927   Les régates de Marseille.
928   Port de Saint-Tropez.

929 Pins parasols (Saint-Tropez).
930 Notation à l'aquarelle Samois (S.-et-M.).
931 Notation à l'aquarelle, Saint-Tropez (Var).

SILBERSTEIN (Jacques). — Bœurs-en-Othe (Yonne).

***932** La mort du capitaine Moulinay.

SINET (André). — 112, boulevard Malesherbes.

933 Actrice se maquillant.
934 Le port à Dieppe.
935 Les falaises à Dieppe.
936 La plage et le Casino à Dieppe.
937 Portrait de M. Franc Nohain.
938 La place Saint-Pierre, à Dreux.
939 Poires au soleil.
940 Etude.
941 La becquée.
942 Femme couchée.

TARCKOFF (Nicolas). — 7, rue Belloni, Paris.

***943** Boulevard Saint-Germain, Paris.
***944** Mi-carême sur les boulevards.
***945** Le lendemain de mi-carême.
***946** Port de Doullan.
***947** Récolte du goemon.
***948** Hiver à Paris.
***949** Grands boulevards le soir.
***950** Marché.
951 Etude.

URBAN (Ernesta), Veuve H. de Castro. — 45, rue de
la Tour, Paris.

952 Indiscrétion.
***953** Goûter d'un Lilliputien.
***954** Fruits et fleurs microscopiques.
***955** Tête (étude sur satin, à la gouache).
***956** Tête (étude sur verre).
***957** Fruits et fleurs.
***958** Fruits.

VACQUIER (Jules-Félix). — 96, rue de Varenne,
Paris.

959 Portrait de Mme V.
***960** Portrait d'Hélène B.
961 Portrait de Louis B.
***962** Un amateur.
***963** Quo Vadis?
964 Portrait de M. Paul V.

VALLOTTON (Félix). — 6, rue de Milan.

***965** Vieux port de Marseille.
***966** Environs de Cannes.
***967** L'Etang-la-Ville.
***968** Une rue de Marseille.
***969** Quai de Seine.
***970** Quai de Seine.
***971** Le Pharo.
***972** Chalands.
***973** Pêcheurs à la ligne.

VALTAT (Louis). — 17, rue Montebello, Versailles.

974 Le cap Roux.
975 Portrait.

VALTON (Edmond-Eugène). — 131, avenue Parmentier et 44, rue Fessart.

***976** Le roman.
***977** Douze têtes d'enfant.
***978** La première dent.
***979** Le coup de main.
***980** La bourrasque.
***981** Quatre paysages.
***982** La jeune artiste.
***983** L'aiguilleur.
***984** Lever du jour dans les montagnes.
***985** A Marseille.

VIEILLARD (Maurice-Emile). — 108, rue Caulaincourt.

986 Les terrassiers.
987 L'omnibus, rue Ramey.
988 L'omnibus, pont Caulaincourt.
989 Deux vieux.

VUILLARD (Edouard). — 28, rue Truffaut, Paris.

990 Paysage d'automne.
991 Dans le Midi.
992 La cueillette.
993 Scène dans le jardin.

994 Intérieur.
995 La grand'mère.
996 Dans les framboisiers.
997 Paysage d'automne.
998 La petite famille.

ZURICHER (Mlle Bertha). — 80, avenue du Maine, Paris.

***999** Paysage suisse.
***1000** Type de montagnard.
***1001** Mère et enfant.
***1002** Portrait de M. G.
***1003** Petit suisse.
***1004** Fillette.
***1005** Raisins (nature morte).
***1006** Pommes (nature morte).
***1007** Etude de fleurs (marguerites).
***1008** Etude de fleurs (œillets).

SUPPLÉMENT

GIRARD (Eugène). — 79, rue du Cherche-Midi.

1009 Le Printemps (tronc de poirier d'un seul morceau).

LINDOS (Mlle Alice). — 5, rue Duperré.

***1010** Nature morte (pastel).
***1011** Pêcheur (pastel).
***1012** Pêcheur.

Milcendeau n° 3 f° au marché Espagn[e]
4 f[illegible] n° 4 f° et enfan[t] [illegible]
[illegible] n° [illegible] Béhan[illegible] [illegible]
[illegible] [illegible]
[illegible] [illegible] 4[illegible]

Les artistes [illegible]
[illegible]

Paris. — Imp. H. Chérest, 92, rue Lafayette.

Dufresnoy [illegible] peu[illegible]
Chapelin [illegible] et [illegible]
Roux Champ[illegible] [illegible]
Diricks un [illegible] ordin[aire]
Bion Du [illegible] et beaucoup [illegible]
Adolphe [illegible] (pastels) (?)
Ibels (de [illegible] plan) — depuis ordinaire
Mlle Anna Roche [illegible] 2 fr arrangé [illegible]
102 Villa [illegible]
qualité

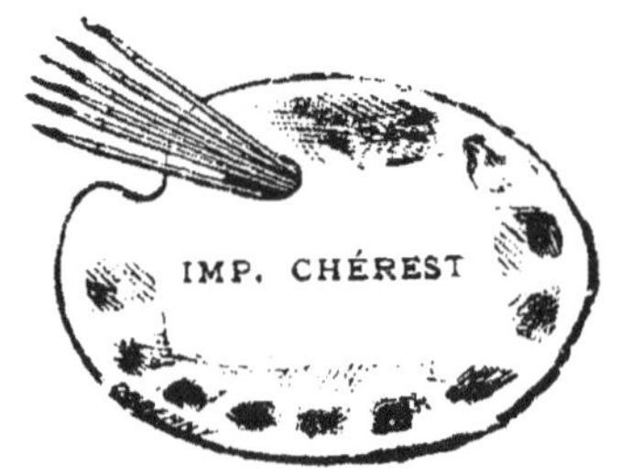
IMP. CHÉREST